eビジネス新書

No.395

週刊東洋経済

美容　フィンテック

人材　EC・小売り

すごいベンチャー2021 後編

モビリティ　物流

インフラ・不動産　教育

食品・農業　医療

週刊東洋経済　eビジネス新書　No.395

すごいベンチャー2021〔後編〕

本書は、東洋経済新報社刊『週刊東洋経済』2021年9月4日号より抜粋、加筆修正のうえ制作しています。情報は底本編集当時のものです。（標準読了時間　90分）

すごいベンチャー2021〔後編〕目次

総合商社やコンサルなどからの転職希望増える

優秀人材が集まり出した背景

ベンチャー企業を志望する人は増えているのだろうか。

就活サイト・キャリタス就活を運営するディスコは、就活学生にベンチャー企業への就職関心度を聞いている。来年就職する2022年卒生のうち、「ベンチャー企業にとても関心がある」学生は4・9%。「ある程度関心がある」学生を含めても27・2%にとどまる。この傾向はここ数年ずっと変わらない。

■ ベンチャー志望の学生は増えていない
―ベンチャー企業への就職関心度―

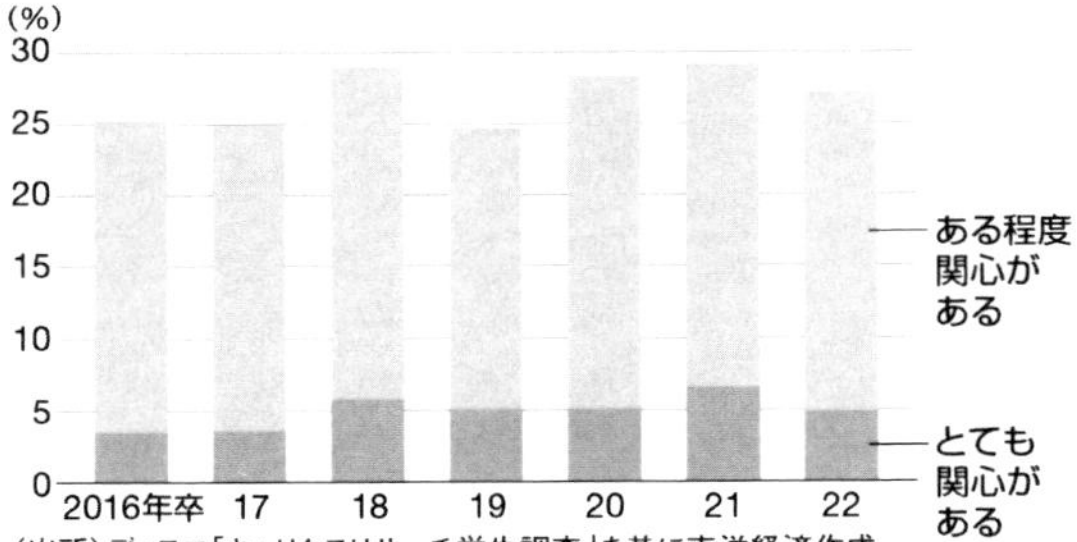

(出所)ディスコ「キャリタスリサーチ学生調査」を基に東洋経済作成

「コロナ禍で安定志向のほうが強い。ベンチャー志望の学生が増えている印象はない」（人材サービス会社の人材担当者）。新卒ではベンチャー志望は一部の学生にとどまっているのが実情だ。

しかし、中途採用の転職市場を見ると様相は異なる。今、有名大手企業からベンチャー企業に転職するケースが相次いでいるのだ。

「ベンチャー企業への転職希望者は増えている。大手では総合商社や金融機関もそうだが、コンサルティング会社や監査法人から転職する人が目立つようになった」（リクルートＨＲエージェントディビジョンの藤坂拓コンサルタント）。これまでベンチャー企業を選択肢に入れていなかったような人が、コロナ禍を契機に時間が生まれキャリアを見直すようになった。年齢層も、若い人だけでなく「４０代前半で飛び込みたい人も増えている」（藤坂氏）という。

1000万円超のオファー

志望者増の背景には、ベンチャー企業側の変化もある。資金流入で人材に対する考え方も変わったからだ。ここ数年、ベンチャー企業への投資が盛んで、1社当たりの資金調達額が膨らんでいる。潤沢な資金は、人材投資にも割り当てられるようになった。

「創業5年、30人程度の規模の会社で、CXO（各部門の最高責任者）級でなくても年収1200万～1500万円を用意するケースが生まれている」（藤坂氏）。全体の給与水準も上がっており、事業が軌道に乗り始めるシリーズBクラスのベンチャー企業を中心に、部長や専門性の高いエキスパート職であれば1000万円以上の高い報酬を普通に提示しているという。

これまでは、600万～800万円程度しか提示できず、あとはストックオプションで補う形が多かった。しかし、最初から高年収を提示できるようになり、総合商社やコンサルティング会社出身の優秀な人材が年収を大きく下げずに転職することが可能になった。

さらに、求める人材の条件も変化。かつては、大手企業の出身者でも、ゼロからビジネスをつくれるようなカリスマ性が求められていた。また人手が少ない中で、実作業も含めてさまざまな領域の仕事をこなす必要もあった。しかし、「ベンチャー企業側の採用リテラシーが数年前と比べて明確に上がっている。事業課題を提示し、こういう人が欲しいと明確に語れるようになっている」（藤坂氏）といい、特定領域のプロフェッショナルであれば活躍できる余地が広がってきた。同じくリクルートの虎井祐樹コンサルタントは、「ビジネスモデルの多角化で、B to B向けＳａａＳなど、大手企業を顧客にするケースも増え、販路や手の内がわかる大手企業出身者の求人が増えている」と語る。大手向けの営業責任者など、仕事を切り分けて採用する例もあるという。

ベンチャー企業では経営を担う人を中心に人材が不足しているとの声がある。しかし報酬が高くなればそうした人材の確保が容易になる。そして就活生に人気の企業となる原動力にもなるだろう。

（宇都宮　徹）

国内最大手ＶＣが説く投資家との付き合い方

グローバル・ブレイン　ＣＥＯ・百合本安彦

起業家にとってベンチャーキャピタル（ＶＣ）から行う最初の資金調達は、事業の成否を左右する大きな決断だ。しかし、最近は十分な知識がないままスタートアップが資金調達を行っているケースが増えている。

メルカリの山田進太郎ＣＥＯやグノシーを立ち上げた現・ＬａｙｅｒＸの福島良典ＣＥＯのように、起業を複数回経験する経営者は増えているが、まだ日本では少ない。大半の人にとって生涯に立てる起業という「打席」は1回だ。

一方で、ＶＣは資金供給のプロとして、多くの経験を積んでいる。両者における情報の非対称性があることで、起業家が知らないまま不利益を余儀なくされているケースについて解説したい。

持ち分の希薄化に注意

立ち上げ当初のシード期と呼ばれるスタートアップの場合、事業成長に向けた迅速な資金調達が欠かせない。ただVCとの契約交渉や厳格な企業価値の評価を行っていると、いたずらに時間が過ぎてしまう。そうした中で、2010年代半ばごろから注目を集めているのが、「コンバーティブル投資手段」という有償新株予約権型の資金調達だ。この手法を使うと、スタートアップにとっては次の調達ラウンドまで企業価値の評価を先延ばしして、機動的にVCからの資金調達を行うことができる。

また株式転換の条件を自由に定めることができるため、スタートアップと投資家双方が事業成長へのコミットメントを高める効果などが期待できるといわれている。

契約の雛型が無償公開されているので、スタートアップにとっては時間や金銭面の負担を抑えられることも大きい。米国では「SAFE」と「KISS」という雛型が主流で、日本では日本版ＫＩＳＳといわれる「Ｊ‐ＫＩＳＳ」が普及しつつある。

しかし、このＪ‐ＫＩＳＳにも落とし穴がある。バリュエーションキャップと呼ばれる、株式取得時における評価額の上限をよく交渉しないと、ＶＣに有利な評価額の上限が設定された新株予約権を発行してしまうからだ。手軽に資金調達ができるがゆえにＪ‐ＫＩＳＳの利用を繰り返し、起業家の持ち分が希薄化したままシリーズＡと呼ばれる次の調達ラウンドを迎えてしまいかねない。

当社が関わる案件でも、シリーズＡで投資しようにも既存ＶＣの持ち分が多くなりすぎていて、投資したくてもできなくなるケースに直面することが増えた。ＶＣがバリュエーションキャップを決める際の説明が、不十分と思われるケースが少なくない。

■「J-KISS」の特徴と起業家にとっての留意点
—新たな資金調達手法における3つのポイント—

1. 株式に転換するまで、バリュエーション（企業価値の算定）を後回しにできる
2. 投資契約の雛型があるため、スタートアップは素早く資金調達ができる
3. 株式転換時にバリュエーションキャップの交渉を怠ると、VC側が有利になってしまう

（出所）グローバル・ブレイン百合本安彦CEOへの取材を基に東洋経済作成

このような事態を避けるためにシリーズAの資金調達金額を減らしたり、過大なバリュエーションキャップを設定して希薄化を避けたりする起業家もいるが、それは本末転倒だ。最低でも10%以上の出資比率が投資の条件というVCは多いので、その点も踏まえて判断しなければならない。

J-KISS以外にもVCとの付き合い方で注意すべきなのは、M&Aによる株式売却益の分配方法だ。VCへの優先分配方法について、投資元本のみ対象となるのが世界の主流。だが、日本では投資元本に加え、売却金額から投資元本を引いた残額からさらに分配を受ける方法が少なくない。

これも日本で起業家とVCにおける情報の非対称性が表れている事例だ。非対称性の解消なくして日本が真に起業家大国となることはない。起業家もVCも互いに理解を深めることが必要だ。

（構成・二階堂遼馬）

次章からは、注目すべきベンチャー100社（前・後編あわせて）を紹介していく。

【フィンテック】

金融問題を解決するサービスが花盛り

ローンの契約や後払いの回収、資産運用など、金融に関わるさまざまな問題を解決するサービスが花盛りだ。

日本クラウドキャピタル

【設立】2015年11月【資本金】35億9247万円【社員数】73人

株式投資型クラウドファンディング　証券、地銀も注目

日本初の株式投資型クラウドファンディングサービス「FUNDINNO（ファンディーノ）」を運営する。選定したベンチャー企業に対し、ユーザーは10万円程度から投資可能。会社側はネットを通じて、個人投資家から資金調達ができる。

２０１７年のサービス開始以来、ニーズが高まっており、２１年8月時点の利用者数は7・4万人超、調達額は累計で63・2億円を超えた。

さらに、投資企業の情報開示促進を目的に経営管理ソフト「FUNDOOR（ファンドア）」を提供。柴原祐喜CEOは、「あらゆる非上場企業に企業活動を月次で開示してもらえるようにしたい」と語る。また、発行株式を投資家間で売買できるセカンダリーマーケットの立ち上げも目指している。

既存の金融業界も支援の姿勢を見せる。同社の法人投資家には、ちばぎんキャピタルやいよぎんキャピタル、第一生命保険などが名を連ねる。２１年6月には、野村ホールディングスと資本業務提携を発表。企業が上場を目指す際に連携して支援をしていくことも視野に入れている。

フォーハンドレッドエフ（400F）

【設立】2017年11月【資本金】3億6425万円【社員数】15人

FPやIFAをマッチング　顧客が営業員を選べるべきだ

「なぜ、お客さんが担当者を選ぶことができないのか」――。400Fの中村仁CEOは、新卒で入社した野村証券時代から疑問に思ってきたという。

証券会社や保険会社では営業員が多くの場合2、3年ごとに転勤する。後任の担当者は企業側の指名で決まるため、顧客が選ぶ余地がほぼない。

だが、近年はフィナンシャルプランナー（FP）や独立系フィナンシャルアドバイザー（IFA）といった職業が台頭。顧客の側にも選択の余地が出てきている。

400Fが提供する「お金の健康診断」では、こうしたFPやIFAとチャットを通してお金に関する相談ができる。1人の顧客に対して複数のアドバイザーが対応し、顧客はやり取りの中で自分に合った助言を提供してくれる人を選べる仕組みだ。FPやIFAがサービス利用料を払うため、顧客の負担はない。

同社はすでに楽天証券やヤフーファイナンスなどと提携し、送客を受けている。「1年以内には月間相談者数を10倍の5万人に拡大させ、信用を得るため2年以内の上場も目指したい」（中村氏）と気合十分だ。

クレジット（Crezit）

【設立】2019年3月【資本金】2億7300万円【社員数】12人

スマホで無担保ローン展開 金融業目指す企業にシステム提供

2020年3月からスマホ完結型の無担保ローンサービスを展開してきた。登録から借り入れまでをスマホ上で完結し、審査結果次第で最大10万円まで借りられる。ただし、矢部寿明社長は、「このサービスはあくまで第1段階」だと言う。現在は新規の利用を停止し、新たな段階へと進もうとしている。

取り組んでいるのは、金融事業に参入したい企業に対するシステム提供だ。自ら融資を行った経験を生かし、審査、不正検知、回収督促など必要な機能を一貫したシステムで提供、月額の利用料を得る。

企業が金融事業に参入する際には、自ら貸金業者となって融資をするケースと金融機関が裏側に入って融資をするケースがある。同社のシステムはその両方に対応が可能で、システム開発のコストを大幅に抑えることができる。

最終的には、こうした融資などのデータを基に個人の信用力を点数にして可視化することも目指している。

生活様式は大きく変わったが、金融機関の審査は古くから変わらないままだ。転職した瞬間に、カードが作れなくなったり、ローンが通らなくなったりする事例は少なくない。矢部氏は「生活と金融機関のズレを埋めて、信用を最適化したい」と意気込む。

ストックポイント（STOCK POINT）

【設立】２０１６年９月【資本金】３億３３４６万円【社員数】１０人

株価連動のポイント運用システム　日常生活と株式投資の結節点に

投資に興味はあるものの、損をしてお金が減ってしまうのは怖い――。投資未経験者の多くが抱えるそうした思いに応えるべく、買い物などで得たポイントを利用して、投資の疑似体験ができるサービスを展開しているのが、ストックポイントだ。

クレディセゾンの「永久不滅ポイント」や三越伊勢丹の「エムアイポイント」などを、同社独自のポイントに交換。そのポイントは利用者が指定した上場企業の株価に連動して、日々増減する仕組みだ。

運用などによってためたポイントは、提携先のポイントに再交換して買い物に使うこともできるし、実際の株式と交換し念願の投資家デビューを果たすこともできる。

現金ではなくポイントを活用することで、投資に対する心理的な垣根は低くなるという。利用者は32万人。20~40代が8割を占めており、稼働中の利用者1人当たり平均で3000ポイントを運用している。

21年10月には三菱UFJ銀行と連携して、新たなポイント運用の疑似投資サービスも始める。土屋清美社長が見据えるのは日常生活と投資が、自然にかつ密接につながっていく未来だ。

sustenキャピタル・マネジメント（サステン）

【設立】２０１９年7月【資本金】１０億０５８５万円【社員数】２１人

次世代のお任せ資産運用　ゴールドマン・サックス出身の2人組が創立

お任せ資産運用のニーズを背景に、投資信託やロボットアドバイザーの需要が伸びているが弱点もある。手数料などコストが比較的高いことと、運用手法の選択肢が限られることだ。

サステンのサービスはこうした弱点の克服を目指した。同社は投信を3本組成。投資家とは一任契約を結び、３つの投信に対する投資額の配分を変えることで、顧客のリスク許容度に合った運用を選択する。

３つの投信のうち1つには株価指数や為替、国債の先物を組み入れ、ショート（カラ売り）も組み合わせることでＴＯＰＩＸなどの株価指数との連動性が低くなるように設計している。これによって、ヘッジファンドなどで行われている高度な運用を誰でも利用できるようになった。また、手数料体系も見直し、顧客に利益が出たときだけ手数料が発生するようにした。

岡野大ＣＥＯは「運用開始から6カ月で預かり残高が15億円と順調な滑り出し」と胸を張る。また、運用方法も「日夜進化している」（山口雅史ＣＩＯ）という。6月からスタートしたマネーフォワードとの提携もさらに進める予定で、今後も運用業界の注目を集めそうだ。

レクト（Lecto）

【設立】2020年11月【資本金】1億1213万円【社員数】10人

債権の督促回収をデジタル化　活況の「後払い」を陰で支える

「督促テック」という聞き慣れない事業を立ち上げたのが、レクトの小山裕ＣＥＯだ。

近年通販サイトなどで「後払い」決済が増えている。だが、回収できない債権があるのも事実。レクトは金融事業者向けに、債権の督促や回収をウェブ上で管理できるソフトウェアを開発した。2021年夏に提供開始予定だ。

従来の督促は電話や書面、訪問などアナログな方法で手間がかかった。しかも最近の後払いサービスは、利用促進のために住所などの情報を取らないことも多く、債権を回収できないリスクが高まる。

小山氏は2017年に法人向けリスク保証などを手がけるガルディアを創業（19年に伊藤忠商事に売却）。このときに後払いサービスを展開し、当初は未回収が多かったが、独自のノウハウで未回収率1％を達成した。

レクトではこの知見をソフトウェアに凝縮した。督促対象者の詳細や交渉履歴、支払い状況などを一元管理できる。メール配信や自動電話などの外部ツールと連携し、債務者にスムーズに請求や通知が可能となる。「うっかり支払いを忘れたというユーザーが多いのが実情。一人ひとりに合わせた督促をすべき」と、小山氏は話す。

（藤原宏成、梅垣勇人、中村正毅、中川雅博）

【注：各社の記載データ】【資本金】は資本準備金を含む。【社員数】は役員を含む正社員の数。2021年8月19日時点の数字で万円未満切り捨て。（以降の記載も同じ）

荷主と倉庫のマッチングや倉庫作業を効率化

ＥＣの活況を受け、物流の需要増は止まらない。荷主と倉庫のマッチングや倉庫作業の効率化に取り組む。

テレイグジスタンス（Telexistence）

【設立】２０１７年１月【資本金】２８億９５５９万円【社員数】２８人

遠隔操作ロボット　大手との提携も続々

遠隔操作ロボットの開発や関連事業を手がけるテレイグジスタンス。ファミリーマートやローソンで、半自律型遠隔操作ロボット「Model-T」が導入済みだ。店舗から離れた場所にいる操縦者が、VR（仮想現実）ヘッドセットやコントローラーを装着して、ロボットを操作。バックヤードから飲料の陳列作業などをこなす。

人が介在するのは、「（小売りなどの）売り場環境が大きく変わる領域では、AIで100％制御するのがまだ難しい。人の知恵を入れることで、ロボットを滑らかに動かせる」（富岡仁CEO）からだ。

だが、蓄積したデータを活用し、ロボットに深層学習をさせ、自律的に動ける範囲を徐々に増やす。長期的には、ほとんどロボットのみでも作業できるようにする考えだ。

導入店舗数の拡大も視野に入れる。24年度には2000店舗に導入する方針だ。コンビニ以外の連携先も多種多様だ。20年4月には日本マイクロソフトと協業。21年6月には什器大手のオカムラと資本業務提携を結んだ。また、物流サービスを提供するモノフルともパートナーシップを締結。物流倉庫内で自社の技術を生かす道も模索する。「すでに大手2社への導入が決まり、22年には実証実験ができるよう準備を進めている」（富岡氏）という。

Telexistence
(テレイグジスタンス)

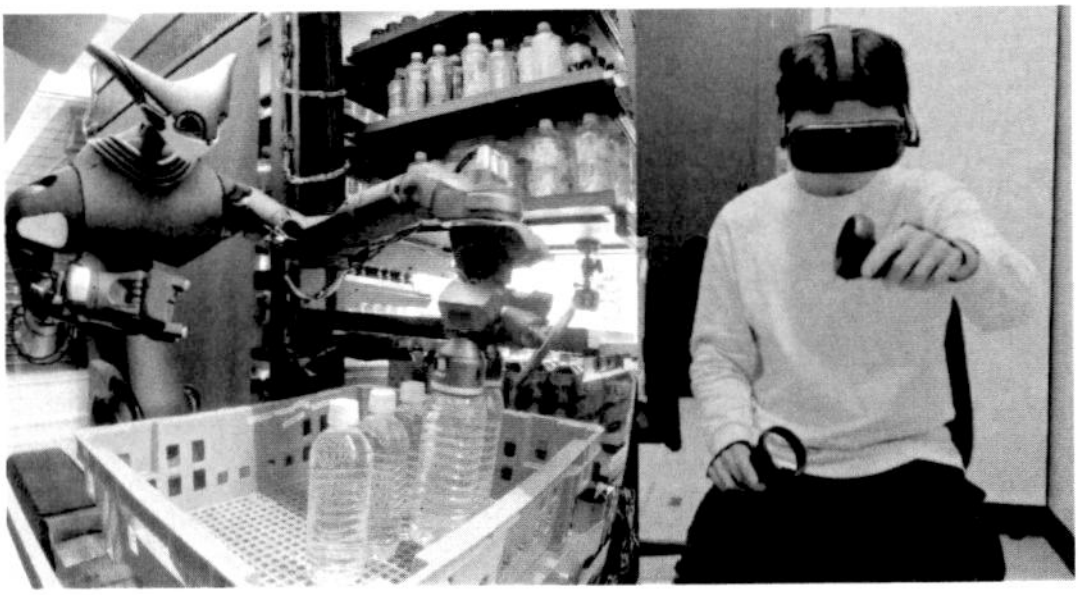

遠隔操作ロボット「Model-T」。作業者が「その場にいる感覚」で業務に当たれる

ロジレス

【設立】２０１７年２月【資本金】５億５３００万円【社員数】１４人

出荷の自動化を支援　手間要らずのEC運営を実現

クラウドで中小ＥＣ事業者向け自動出荷システムを提供。自動出荷率は９割を超える。料金は出荷量に応じた従量課金制だ。

足立直之ＣＥＯは、楽天を退職後に中古書籍ＥＣを立ち上げた。そこで「３０～５０件の注文を処理するだけで一日が終わってしまった」経験がサービス開発につながった。

従来、出荷指示を倉庫会社に出す場合、ＥＣ事業者側でまとめた受注データを渡す。その際、複数の販売チャネルの受注データを整理しなければならず負担になっていた。また、キャンペーンなどで注文数が伸びるたびに、ＥＣ事業者と物流現場との橋渡し担当者を増員しなければならないことも負担だった。

そこでロジレスは、ＥＣ事業者の受注管理システムと倉庫会社の在庫管理システムを一体化。10分ごとにデータを連携し、楽天や自社ECサイトなどの受注データを、自動的に物流現場へ伝達できるようにした。「EC事業者の中にはオペレーション人員を5分の1に減らせた事例もある」（足立氏）。

住所などに不備のある注文は、EC事業者側で確認するまでは物流現場に共有させない。誤配を防ぐためだ。事前に設定すれば、注文者の住所などの条件に応じて、商品を出荷する倉庫を替えることも可能だという。

次に見据えるのは物流現場の業務効率化を支援する機能の実装だ。足立氏は「アマゾンレベルの生産性を利用者に提供したい」と話す。

ソウコ（souco）

【設立】2016年7月【資本金】4億6900万円【社員数】15人

最適な倉庫を荷主に提案　荷主と倉庫の懸け橋に

荷主と倉庫のマッチングプラットフォームを手がける。2021年7月からは新サービスの提供を開始した。荷主が荷物や保管期間などをパソコンに入力すれば、最適な見積もりをすぐさまシミュレーションしてくれる。1パレット(荷物を載せる台)であれば、保管1日につき100円、入出庫は500円で倉庫を利用できる。サービス利用に当たって初期費用や仲介手数料はない。

今まではソウコの提示した見積もりが荷主の予算と合わず、異なる倉庫を再提示することなどがあったという。また見積もりの提示に時間を要することもあった。今回のサービスによって荷主は、よりスムーズに倉庫を使用できるようになった。

このサービスが可能になったのは、倉庫と荷主の合計登録数が2年前の300社から、2000社超に増えたからだ。荷主のさまざまなニーズに応えられる。倉庫側には、空き倉庫を収益化できるメリットがあり、「次の契約まで半年空いている倉庫などがサービスを利用している」と中原久根人代表は話す。

中原氏が見据えているのは、「輸配送の最適化」だ。例えば、出荷元から配送先までの道中にある倉庫を提案することができれば、無駄がなくなる。より最適な倉庫を提示するためにも、倉庫1万カ所との契約を目指す。

ロジクラ

【設立】２０１６年8月【資本金】２億１３９６万円【社員数】２０人

アプリで倉庫業務を効率化　提携倉庫なら外部委託にも対応

伝票がいまだに使われているなど、アナログで非効率な倉庫業務を、アプリで改善できないか――。そんな思いから長浜佑樹代表はクラウド在庫管理ソフト「ロジクラ」をリリースした。

アプリをインストールすれば、スマートフォンでバーコードを読み取れるようになり、入出荷、検品、在庫管理がスマホ上で完結する。従来、１日５００件の出荷すらおぼつかなかったＥＣ事業者が、ロジクラ導入後は１日１０００件の配送にも難なく対応できるようになったという。

利用料金は、「Shopify」など外部サービスと連携できる標準プランで、原則月２・9万円。本格導入前のお試し用として、無料版を提供しているのも特徴だ。

主要顧客は、自社で倉庫を持つ中小のＥＣ事業者。規模が拡大しアウトソーシングが必要になっても、佐川急便系など全国１００拠点の提携倉庫であれば、在庫管理はそのまま行える。

「培った物流データを活用し、需要予測など売り上げ支援につながるサービスも展開したい」と長浜氏。２５年度にＩＰＯを目指す同社は、先を見据える。

スタンデージ（STANDAGE）

【設立】２０１7年3月【資本金】７７００万円【社員数】２５人

商社機能をデジタル化　仮想通貨で貿易を変える

ブロックチェーンを貿易決済に取り入れ、アフリカを主戦場に事業を展開するのがスタンデージだ。

代表は伊藤忠商事出身の足立彰紀氏。前職において貿易業務、とくに国際送金に改善の余地があると実感。ブロックチェーン技術に出合い、１7年に起業した。

「DiGiTRAD」は中小企業を主な対象に、海外との契約や送金、現地での物流手配まで、あらゆる貿易業務をサポートするサービス。20年3月には物流準大手の山九と資本業務提携を行い、国際物流を強化した。

国際送金では米ドルに連動する仮想通貨、USDコインを推奨する。売り手はブロックチェーン上に作ったデジタル金庫で買い手からの入金を確認し、商品を発送。商品到着後に売り手が代金を取り出す仕組みだ。

当面は、「日本企業はほとんど進出できていない」(足立氏)アフリカで事業実績を重ねる。25年の上場が目標。ゆくゆくは日本以外の国同士での貿易業務サポートも進め、「世界のデジタル商社を目指す」(同)。


(中尾謙介、佃　陸生、星出遼平、山﨑理子)

【EC・小売り】

外食のデジタル化で暮らしが便利に

共同購入や即配、D2Cブランドやそれに対応したサービス、外食のデジタル化。暮らしが便利になる。

カウシェ

【設立】2020年4月【資本金】1億9006万円【社員数】9人

共同購入による割引買い物アプリ　中国発「シェア買い」で起業

2名以上で同じ商品を購入する「シェア買い」ECアプリを運営するカウシェ。購入希望者はSNSなどで一緒に商品を購入してくれる人を募り、24時間以内に誰か一人でも購入してくれればシェア買いが成立。それぞれの住所に商品が配送される。商品の複数販売につながるため、出品事業者はほかのECサイトより5〜30％程度安い金額で出品できる。安価に購入できると消費者からも好評。事業者にとってはSNSでの自発的な広がりに期待できるのが最大の魅力だ。このような仕組みは中国で一足先に普及、代表的サービスの「ピンドゥオドゥオ」は流通取引総額10兆円を超えるなど大きな存在感を示す。門奈剣平CEOは、上海駐在時に普及したこのシェア買いに衝撃を受け起業した。

20年9月にアプリを公開、ダウンロード数は15万件を突破した。200強の事業者が出品する。現在は食品や飲料品が対象だが、今後は日用品やファッション、家電など商品領域を広げる意向だ。

グラシア（Gracia）

【設立】2017年6月【資本金】9億8905万円【社員数】59人

ギフト特化型のサイト運営　内製化で細かいオーダーに対応

記念日や誕生日などの贈り物に特化したECサイト「タンプ」を運営する。扱う商品は食品、コスメ、家電などさまざまで有名ブランドの商品も多い。

斎藤拓泰CEOが、東京大学に在学中、同級生らと起業した。「父親の誕生日プレゼントを探したときに、よいECサイトがなかったので自分で作ろうと思ったのが創業のきっかけ」（斎藤氏）。

ギフトを扱うECサイトは多数あるが、タンプの特長は名前の刻印や、生花やバルーンを添えたラッピングなど選択肢が豊富なことだ。顧客の約8割がオプションを利用する。

細かいオーダーに対応できるのには理由がある。約3000平方メートルの自社の物流倉庫を持ち、ピッキングやラッピングをすべて自社スタッフが行う。繁忙期は1日で2300件近いギフトを扱うが、自前で開発したシステムで作業を効率化している。

エンジニア採用も積極的に進め、8月には人員増に伴い、本社を移転した。斎藤氏は「顧客データを増やし、より個人の趣味に合ったギフトを提案したい」と話す。

テンシャル（TENTIAL）

【設立】２０１８年2月【資本金】1億円【社員数】２２人

健康領域のD2Cブランド　日常生活での健康課題を解決

インソールなど、日常生活での健康課題を解決する商品を企画し、ＥＣで消費者に販売するＤ２Ｃ企業だ。

高校までサッカーに打ち込んでいた中西裕太郎ＣＥＯは心臓系の病気で競技を断念したものの、「スポーツで培った経験を生かし、健康課題の解決に貢献したい」と１８年2月にテンシャルを創業した。

祖業のスポーツウェブメディア「SPOSHIRU（スポシル）」では「トレーニングの仕方」「用品の選び方」などさまざまな競技の情報を発信する。メディアを運営する中で、肩こりや腰痛といった悩みを抱えている人が多いとわかった。こうした不調の多くは足の指に原因があると分析し、日常生活で姿勢を保ちやすくなるインソールの開発に至った。掲載記事から読者の属性や興味あるテーマなどをダイレクトにつかむことができる。得た情報を商品開発に生かせるのが強みだ。

「24時間の生活の課題を全部解決する商材をつくっていく」（中西氏）と、休息時専用サンダル、睡眠用ウェアなど商品を拡充している。今後は、自社以外の商品も扱う健康領域のECサイトを立ち上げる予定だ。

サブスクライフ（subsclife）

【設立】2016年11月【資本金】3億6401万円【社員数】35人

家具のサブスクリプション「三方よし」で循環型社会つくる

毎月一定金額で新品を試せる家具のサブスクリプション。そのコンセプトを日本で最初に実現したのが、サブスクライフだ。

利用者は3カ月から24カ月の間で利用期間を選択、気に入れば継続利用や購入も可能だ。どの期間を選んでもトータルの利用料金は新品価格より安くなる設定だ。現在はデザイン家電まで取り扱い、個人ユーザーだけでなく法人顧客にも裾野を広げる。

町野健代表は2018年3月にこのサービスを始めた。米国で見聞きしたサブスクリプションの概念と、おしゃれな家具が並ぶ東京・目黒の家具店の店長から聞いた「高い家具は売れない」という話を基に、良質の家具が消費者に行き渡る仕組みを考えたのだ。

家具のサブスクには良品計画や通販のディノスなども参入するが、「売り手・買い手・社会性の三方よしを実現しているのはわれわれだけ」(町野氏)。21年1月には法人向けに家具の2次流通市場を開設、利用後の家具の活用にも気を配る。開始から約3年、1年以内の黒字化は見えた。24年にも上場を目指す。「メーカー、ユーザーとともに、よいものを長く使う循環型社会をつくっていく」(町野氏)。

スーパースタジオ（SUPER STUDIO）

【設立】2014年12月【資本金】18億6122万円【社員数】90人

多機能なEC構築サービス　ネット通販の購入率向上に貢献

ＥＣ構築サービスを展開するスーパースタジオ。ＥＣサイト制作はもちろん、その広告運用から目標管理まで幅広い業務を請け負う。

ショッピファイやＢＡＳＥなど競合も多くいる領域だが、「機能の拡張性（多さ）では勝っている」と林紘祐ＣＥＯは自信を見せる。顧客からの問い合わせにチャット形式で自動返答するボット機能や、購入フォームをチャット型にして購入率の向上を目指す機能など、他社にはないサービスを訴求。こうした多機能性が評価され、ロート製薬など多くのＥＣサイト制作で用いられている。

きっかけは当時のサイト構築サービスに満足できず、自社で運営していたＥＣサイトを内製したこと。現在もＥＣ構築サービスだけではなく、商品企画や流通、ショップ運営まで、幅広いサポート事業を展開する。こうした自社が運営するＥＣでの経験からサービスの改善に至る例もあり、他社にはない強みになっているという。

現在は自ら企画・製造した商品をネットで直接消費者に販売するＤ２Ｃサービスが主な利用者だが、長期的には商品配送を伴うＥＣのみならず、ネットでの購買全般にもサービス領域を広げる意向。さらなる機能拡充に余念がない。

シザイ（shizai）

【設立】2020年10月【資本金】1億円【社員数】7人

梱包材を安く手早く製造　平均20％のコスト削減実現

通販などに使われる段ボールなど梱包材のオリジナル品を作製できるシザイ。2021年4月にサービスを開始して以降、低コストかつ手早く作製できることから人気を集め、ベンチャー企業から大手百貨店まで幅広く利用されている。

全国に点在する資材業者や倉庫を一覧化し、納品エリアに近い地域で製造することで配送費の効率化に成功。さらに中間業者などを排することで他社と比べ平均20％のコスト削減を実現した。

また、今まで人力に頼って見積もられることが多かったデザイン性の高いオリジナル梱包材でも、見積もりの自動化を進め、時間短縮につなげている。鈴木暢之代表は

「オリジナル梱包材は、(無地と比べて) 自宅へ届いたときの体験を差別化できる」とその利点を語る。

海外ではブランドの価値観を表したオリジナル梱包材が話題を呼ぶケースも少なくない。日本でも自ら企画・製造した商品をネットで直接消費者に販売するD2Cが広まり、オリジナル梱包材の需要が高まるとみている。

今後は梱包材の作製だけではなく、その管理やデザイン提案、倉庫選定など包括的に支援することを目指していくという。

クリスプ (CRISP)

【設立】2014年7月【資本金】9億2587万円【社員数】45人

アプリ起点のサラダ専門店 テクノロジーで外食を大規模化

デジタル化されたサラダ専門店が今、都内で増えている。サラダチェーンの「クリスプ・サラダワークス」を展開するクリスプの宮野浩史社長は、米国で流行したカジュアルなサラダの業態をつくりたいと考え、2014年に麻布十番に1号店を出した。店にはすぐ行列ができたが、「さっと食べるものなのに待たせるのはダメ」と、デジタル化を決断。クリスプでは、アプリで注文し店舗で受け取れるほか、店舗の端末でも注文できる。「アプリで会員登録してもらえれば、対面であれこれ聞かなくとも、データに基づいた個別のサービスを提供できる」(宮野氏)。

今後は一つひとつの店舗でサラダを作って提供するだけでなく、調理専門の拠点から各所に配送する仕組みを強化する。まず、昼食時間帯のオフィス配送の拡大を進める。現在は76カ所だが、22年までに300カ所を目指す。個人向けは自宅への定期便のほか、今秋には商品をまとめて入れておく大型冷蔵庫を設置した無人の受け取り拠点を都内に設置する予定だ。

20年の売上高は約11億円。「22年には倍増させたい」と宮野氏。6月に5億円の資金調達をしており、ここから本格的にアクセルを踏み込む。

ロムス（ROMS）

【設立】２０１９年６月【資本金】５億５４０９万円【社員数】２０人

小型の自動型店舗を運営　ネットスーパーにも横展開

多くの小売り・流通関係者が熱視線を送るのが、東京・吾妻橋にある、無人コンビニ「ＭＯＰＵ」だ。

自動販売機のような外見の端末で商品を購入すると、裏にある小型自動倉庫内のロボットアームが動き、取り出し口へ送られる。倉庫は１０坪という狭さだが、保管商品数は約４５０種類に上る。

「レジレス」であることはもちろん、品出し業務も自動化されているため、２４時間の営業中、人はほぼ介在しない。大手マテハン機器メーカーもこうした分野に参入するが、「小規模施設向けに開発している企業は、国内にほぼない」（前野洋介代表取締役）と、独自性を強調する。

その場で購入する方法だと、取り出しまで1分ほどの時間を要する。そこで、アプリを使用した事前決済にも対応。受取時間を指定し、ＭＯＰＵに行けば、すぐに商品が受け取れる。

足元では、こうした自動化技術を使い、無人コンビニ以外のアプローチもにらむ。その１つが、ネットスーパー用の小型自動倉庫としての展開だ。すでに、「スーパーの既存店舗に併設できないかといった話が複数来ている」（前野氏）。小型の自動型店舗・倉庫が、小売りや流通の新たな未来を切り開きそうだ。

ROMS（ロムス）

ROMSが運営する、東京・吾妻橋の「MOPU」

ダイニー（dinii）

【設立】２０１８年６月【資本金】３億円【社員数】２４人

飲食店向けのスマホ注文システム　顧客との関係を強化する

客が手持ちのスマートフォンで、テーブルにある２次元コードを読み込むと、ＬＩＮＥのアプリと連携してメニュー表が立ち上がり、そのまま料理の注文、支払いができる「モバイルオーダーシステム」。

串カツ田中の一部店舗などで導入されている同システムを提供しているのが、ダイニーだ。客は店のアプリをダウンロードせず、非接触のまま気軽にオーダーできる。

コスト削減を目的とした類似のシステムは数多くあるものの、山田真央ＣＥＯは「顧客との関係性をより深めるためのツールとして開発している」と話す。

スマホでの注文はあくまで、飲食店と顧客がつながるための入り口だ。実際、同社のモバイルオーダーシステムでは、接客してくれた従業員の顔写真を選び、少額のチップを送る「応援機能」がある。

さらに、LINE連携によって得た顧客の属性や来店頻度などの情報を生かし、その人に最適なクーポンを配布して来店を促すことも可能だ。

クラウドファンディングで飲食店を支援するような機能も、今後の展開として視野に入れている。

クイックゲット

【設立】2017年9月【資本金】1億9701万円【社員数】7人

注文から30分以内に配達完了　〝ドラえもんのポケット〟即配

平塚登馬代表は自社のサービスを「ドラえもんのポケットのように欲しいものがすぐ手に入る」と称する。

同社のアプリから商品を注文すると、30分以内で自宅まで配送される。おにぎりや弁当といった食品はもちろん、衣料用洗剤やマスクなどの日用品まで取りそろえている。

取扱品目数は1000点以上で、お酒などの飲料が人気。仕入れは自社で行う。1回当たりの配送料は250円で、都内港区や渋谷区を中心にサービスを展開している。

ウーバーイーツや出前館などに代表されるように、非接触時代を背景にデリバリー需要は高い。市場拡大を見せる一方で競争は熾烈だ。事業を開始した19年は同様のサービスを提供する会社はなかったが、21年に入ってから競合の参入が相次いでいる。

21年6月には高速配達が武器の韓国EC最大手「クーパン」が上陸。都内品川区で展開する。取扱商品がパンや野菜、日用品と、クイックゲットと似通っている。IT大手のZホールディングスも7月末からアスクル、出前館と組み、都内板橋区などで即時配達サービスの実証実験を始めた。

激しい陣取り合戦を制することはできるのか。平塚氏は「1、2年が勝負になってくる」と、気を引き締める。

スマートショッピング

【設立】２０１４年１１月【資本金】８億円【社員数】４４人

在庫管理や発注を自動化　マットに置くだけで在庫可視化

在庫の確認や発注いらずの在庫管理を可能にするのが、「スマートマットクラウド」。Ａ３～Ａ５サイズのマット上に消耗品を置くだけで、マットが重量を測定し、残量が少なくなれば自動で商品発注をしてくれる。

一般的な在庫管理ツールでは、紛失やＱＲコードのスキャン忘れなどがあると、理論在庫と実在庫に差異が生まれてしまうが、同サービスでは重量を２４時間計測するため、在庫を正確に把握できるという。

また、「在庫推移を可視化できる」（志賀隆之代表取締役）ので、需要予測やマーケティングに生かせる。製造業や医薬系を中心に８００社が同サービスを利用中だ。

従来は業務用が中心だったが、２０年１０月から一般消費者や中小企業向けに「スマートマットライト」を発売。自動発注に絞り、アマゾンで１９８０円で販売している。

販路の拡大は国内だけではない。「買い物や在庫管理という行為は世界共通」と、林英俊代表取締役は東南アジアへの本格進出を検討している。スマートショッピングが掲げる目標は「モノの流れを超スマートに」。同社のサービスが広がれば、その理想に近づくだろう。

ホムラ（homula）

【設立】２０１９年１０月【資本金】１億０２６２万円【社員数】４人

小売店の在庫リスクを肩代わり　フィンテックから「卸売りサイト」へ

もっと気軽に商品を仕入れたい。ホムラは、そんな小売店の悩みに応えるオンラインの卸売りマーケットプレースを運営している。

仕入れた商品は買い取りが一般的。その中でホムラでは、ブランドとの初回取引であれば、売れ残った商品を返品できるようにした。小売店は在庫リスクを気にせず、多様なブランドと取引できる。初回取引に限らず仕入れ費用の支払期限は６０日以内で、資金面でも小売店を支援する。

福地峻代表は、前職のバークレイズ証券で金融商品のホールセールに従事した。債券を地場の証券会社に代わり事前に仕入れ、投資家ニーズに対応する仕組みを構築。この「B to B to C」モデルがホムラの原点となった。

ホムラが一部商品の在庫リスクを負うため、出品するブランドや買い手となる小売店の精査が重要になる。ホムラはブランドの商品力や小売店の販売力をデータから指標化、売り上げの精度を上げている。

21年7月現在、衣料や生活雑貨など120のブランドと400超の小売店が登録。ラクーンホールディングスの「スーパーデリバリー」が競合だが、「5年以内には小売り領域でナンバーワンのプラットフォームになる」(福地氏)。

(井上昌也、常盤有未、山﨑理子、中川雅博、中尾謙介、中村正毅、星出遼平、ライター・国分瑠衣子)

【美容】

「美」を求める人々を応援する

複数の香水を使い分けたい、フリーランス美容師の待遇を改善したい。そんな悩みに効くビジネスがある。

ハイリンク（High Link）

【設立】2017年6月【資本金】1億8514万円【社員数】15人

香水の定期購入サービス　国内香水市場の拡大を目指す

「香水は季節によって使い分けたいが、高価なうえ、量も多く使い切れない」との悩みを自身も抱えていた南木将宏CEO。そこに香水市場拡大へのヒントがあると思い、開始したのが香水のサブスクリプションサービス「カラリア」だ。手の出しにくい値段の香水でも、4ミリリットル入り容器に小分けし、月1980円から販売。取扱数は約500種類に上る。

これまでは消費者自ら、百貨店などへ行き、好みの香水を探すのが主な購入スタイルだった。一方、カラリアでは、「オンラインでお気に入りの香りに出合える体験を創出する」（南木氏）ことを目指す。定期購入の顧客データを活用し、顧客の好みの香水を提案。また、LINE公式アカウント上でアドバイザーに相談ができ、好みの香水を探せるサービスも設けている。

SNSでの情報発信にも注力する。インスタグラムではさまざまなメーカーの香水を紹介し、フォロワーは現在15万人。ウェブメディアは月100万PVを誇る。自社サービスの周知に用いるほか、将来的な事業の基礎としての利用も見込む。上場は3年後の24年を目指している。

サロウィン

【設立】２０１９年７月【資本金】３億２５３５万円【社員数】４人

8割還元のシェアサロン　美容師の労働環境を変えたい

長時間労働に加え、低賃金。過酷な労働環境で知られる美容師業界を変えようとしているのがサロウィンだ。フリーランスの美容師に美容室を貸すシェアサロンを運営。美容師の技術売上の一部を利用料として徴収する。

最大の特徴は美容師への還元率が高いこと。技術売上の8割が還元される。カラー剤やパーマ液などは美容師の持ち込みだが、同社で市場価格より安く仕入れることもできる。このため、実力派のフリー美容師が集まりやすい。一般的な美容室なら閑散としている平日の日中でさえ、席が埋まる。回転率が高まった結果、美容師への還元率を上げても「全店で黒字」（阿部友哉代表）という。

今まで原宿や銀座など都内中心に展開したが、２１年9月には福岡の天神や大阪梅田へ出店。地方都市を中心に全国へ店舗網を広げていく。２５年には１００店舗を目指す。

阿部氏が次に見据えるのは、美容師が一生働ける環境を提供すること。「60歳の美容師を発見するのは難しい」（阿部氏）。同社が労働環境を整備できれば、美容業界を変える存在となるのは間違いない。

（兵頭輝夏、星出遼平）

サロウィン

平均給料は従来比2.7倍、労働時間は半分に

【食品・農業】

「食」と「環境」に向き合いビジネスで解決

植物肉や、酒かすの再利用で製造したジン、農地の有効活用。社会課題の解決にもなるビジネスに取り組む。

ダイズ（DAIZ）

【設立】2015年12月【資本金】21億6649万円【社員数】32人

大豆を使った代替肉の開発　大手メーカーから引っ張りだこ

社名のとおり、大豆を用いた代替肉の開発技術を売りにする。食物繊維が取れるだけでなく、牛肉と比べ、生産過程での環境負荷が少ない。2030年にはタンパク質の供給逼迫が予想されており、植物肉はこれに対応する商品としても注目される。

欧米に比べ、日本での植物肉の浸透は遅かったが、井出剛社長は、日本でも食の持続可能性の観点から「今後必ず植物肉市場は拡大する」と確信し、20年から植物肉事業を本格始動した。

ダイズが使用するのは、水に浸けて発芽させたばかりの、丸ごとの大豆。中でも臭みの少ない品種を使っている。さらに、独自の特許技術でうま味を増大させている。「ベンチャーにとって重要なのは、味の素やニチレイなどの大手に評価してもらうこと」(井出氏)。大手メーカーに自ら足を運び、従来製法の大豆肉と比較してもらった。味が大きな決め手となり、採用にたどり着いたと話す。

これまでの資金調達実績は約30億円に上る。資本業務提携を結ぶ味の素やニチレイフーズは自社技術をダイズに提供。ニチレイは、ダイズの原料を用いて自社商品を開発する。イオンなどの食品スーパーも、ダイズの素材を独自に加工し精肉コーナーで扱うようになった。販路は急速に拡大しているが、自社での最終製品も業務用で販売を始めた。22年末には植物肉の本場、米国での素材販売も見据える。

DAIZ（ダイズ）

向かって左から井出剛社長と独自の製造技術を開発した落合孝次取締役（上）。自社の植物肉ブランド「ミラクルミート」（左下）とそれを用いて作ったハンバーグ（右下）

エシカル・スピリッツ

【設立】2020年2月【資本金】1億0550万円【社員数】6人

酒かすを再利用してジンを製造　ジンで日本の酒造を応援

10万本の純米酒を造ると、5万本分もの酒かすが発生する。国内で年間に算出される酒かすは約4万トンもあるが、消費機会が減り酒造業者の廃棄負担になっている。山本祐也CEOは前職で日本酒生産に携わる中、「価値あるものが捨てられている」と感じた。その救済策として、酒かすを蒸留したジンの製造を始めた。

看板商品の1つ「LAST」は、鳥取県の酒造から買い取った酒かすを使用。独自のレシピでショウガ、コリアンダーなどを浸漬する。炭酸水で割ると爽やかな香りが広がり、「飲む香水」というキャッチフレーズが合う。同社では香り付けに使用する素材も、間引きされたカボスやカカオの皮など、消費機会のないものを活用。今では「全国から素材提供の問い合わせがある」（山本氏）という。

食品廃棄物の再利用だけでなく、農耕地の再生支援にも取り組む。ジンの売り上げの一部で、耕作放棄地を再生した農家から新米を購入。その新米を、酒造から酒かすを購入する費用の一部に充てる計画が進む。ジンをきっかけにした循環経済の実現だ。

現在、酒かすの蒸留は一部外部委託だが、21年冬には自社蒸留設備を整える。ジンは英国での販売も予定しており、22年にはドイツや米国などに拡大する予定だ。20年にはコロナ禍で余ったビールを原料にしたジンも開発した。事業創造で社会課題を解決するという理念の下、24年ごろの上場を目指す。

クラダシ

【設立】2014年7月【資本金】1794万円【社員数】28人

「食品ロス」商品を割安販売　2期目から黒字を達成

生食用カキが24個で1980円（税込み）、生ハムが1・5キログラムで2980円（税込み）──。ショッピングサイト「クラダシ」では、まだ食べられるにもかかわらず捨てられて「食品ロス」になる運命だった商品を、割安で購入することができる。

メーカーから協賛価格で商品を買い取り、サイト上で販売。さらに販売価格の3～5％を社会貢献団体に寄付するのがミソだ。企業にとって単なる値引きはブランド毀損リスクがあるが、社会貢献活動に関わるという付加価値を得ることができるからだ。

同サイトの商品は、過去のデータも駆使して必ず売り切っているという。21年6月末での年商は13億円。同社による食品ロス削減数は約1万4000トン、フードバンク等社会貢献団体への支援総額は6500万円超。同社に協賛し取引する企業は約900社に上る。

「SDGs（持続可能な開発目標）の普及で、事業は格段にやりやすくなった」（関藤竜也社長）。サービス開始は15年。関藤氏が商社時代に目にした食品ロス等が原体験にある。日本は年間約600万トンの食品ロスを排出。食品ロスの削減はSDGsにも含まれ、企業からの注目は年々高まっている。

2期目から黒字を達成し、現時点で資金調達は行っていない。「社会的信用を得るため」（関藤氏）に近い将来の上場を目指す。

アグリメディア

【設立】２０１１年４月【資本金】８億３２２７万円【社員数】９８人

遊休農地を貸し農園に再生　手ぶらで野菜作りが人気に

都市部の遊休農地を市民農園へ再生し、野菜作りを行いたい住民に貸し出す「シェア畑」を運営する。

「野菜作りを、もっと身近にする」（諸藤貴志代表取締役）というコンセプトのとおり、シェア畑は利用時のハードルが低い。農具や苗を完備しているため、手ぶらで畑に行くことができ、「菜園アドバイザー」が収穫まで指導してくれるので初心者にも安心だ。利用料は場所によって異なるが、モデルケースでは１区画１～２坪で月９０００円程度。こうした区画が農園ごとに１００～１５０ほどある。

農園所有者に対しては、同社が借地料を支払うというスキーム。耕作放棄地を減らすという社会的課題を解決するだけでなく、農家の新たな収益源という観点からもシェア畑への期待感は大きい。

関東・関西を中心に98の農園を確保し、利用者も3・9万人を数える（21年3月）。巣ごもり生活が続く中、開放感のある農業には追い風が吹き、全区画が契約済みの農園も多い。「今後は地方の政令指定都市へも拡大し、都市部の農園数300を目指す」と諸藤氏は先を見据える。

サグリ

【設立】2018年6月【資本金】1億7400万円【社員数】6人

耕作放棄地の調査を効率化　衛星データ×農業で課題解決

1年以上作物を栽培していない農地、いわゆる耕作放棄地を可視化するアプリケーション「ACTABA（アクタバ）」を展開する。

耕作放棄地は、市区町村に設置される農業委員会によって調査されるが、作業の非効率性や調査員の高齢化などの問題があった。アクタバでは衛星データを活用、さらにAIによる解析で放棄地を予測する。その結果、調査員の巡回範囲を9割削減できるという。7月現在で31の市町村で導入されている。

驚くべきは判定の精度だ。衛星データのみで9割以上、AIの解析後は実に約98%の確率で判定できる。「最終的には衛星データがエビデンスとして認められ、調査員の現場確認作業をなくせるようにしたい」と代表の坪井俊輔氏は語る。個人農家向けに施肥量の最適化支援や温室効果ガス削減の取り組みも行う。

坪井氏はもともと宇宙教育ビジネスを起業、アフリカを訪れた際、農業の効率化の必要性を感じ、宇宙と農業を結び付けた。26年度の上場に向け、すでに事業を展開するインド、タイに続き、5年以内のアフリカ進出を目指す。

（兵頭輝夏、中尾謙介、山﨑理子）

技術やアイデアで建築・不動産へ貢献

ドローンでのインフラ点検、建設用3Dプリンター、短期賃貸物件予約サイトなど新たなビジネスが登場。

センシンロボティクス

【設立】2015年10月【資本金】24億8227万円【社員数】71人

ドローンでインフラ点検　点検の作業員不足に対応

インフラの老朽化と作業員不足問題をドローン技術とデータ分析で解決する。

センシンロボティクスはドローンやロボットの自律制御、取得データの管理、画像解析などを行うソフトウェアを開発。ドローンなどデータを収集するデバイスを組み合わせ、送電鉄塔やプラント施設などの設備点検や作業場管理を自動化するシステムを構築した。

石油化学、鉄鋼、電力、建設などの企業にサブスクリプション（月額課金）型で提供する。システムを活用することで異常見落としのリスクが低減し、取得データを生かした計画修繕も可能だ。点検システムへのニーズは現場によりさまざま。2020年から各業務内容に特化したアプリケーションの開発も本格化させた。

同社はソフトウェア開発に特化。北村卓也社長は「ハードはいずれコモディティー化するが、システムやアプリケーションの価値は上がっていく」と話す。5年以内には点検業務全体の自動化を目指す。

スキャン・エックス

【設立】2019年10月【資本金】2億2000万円【社員数】20人

3D点群データソフト開発　クラウドで安価かつ簡単に解析

3D点群データをクラウド上で解析できるソフト「スキャン・エックスクラウド」を開発する。

ドローンや地上型レーザー測量機器などで取得したデータから建設現場の3D点群モデルを生成し解析。進捗管理や測量に活用する。森林や鉱山、災害現場でも使われる。国内の既存ソフトは売り切り型で高額なうえ、高性能のパソコンも必要。初期投資は数百万円かかり中小企業にとって導入のハードルは高い。

スキャン・エックスクラウドは、一般的なパソコンとブラウザーがあればどこでもデータを見たり解析したりできる。価格も月額約3万円と安価だ。従来はハードディスクを輸送するなど時間と手間がかかっていたデータの共有も、リンクを発行することで簡単にできる。地表面や重機などの余計なデータを自動で取り除くアルゴリズムも強みだ。

宮谷聡CEOは「20年9月の正式発売後の反響は想定以上」と話す。海外の競合品の価格帯は同程度だが、顧客からのフィードバックを受けて機能や操作性を改善し、国内に加え海外での拡大も狙う。

スキャン・エックス

海外ベンチャーで同僚だったホン・トランCTOと
共同創業

ポリウス（Polyuse）

【設立】２０１９年6月【資本金】６０８万円【社員数】５人

建設用3Dプリンターを開発　ゼネコンと共同事業を展開

コンクリート製の建築部材を造形できる３Ｄプリンターを開発。従来、型枠を用意する職人や、コンクリートを流し込む職人など、複数の職人が必要だった工程を効率化した。集水桝（ます）やブロックといった土木構造物、公園遊具や門扉などのエクステリア製品を短時間で造れる。

現在は共同事業開発が中心だ。全国約１０社のゼネコンなどと連携して実証実験を進める。京都市を拠点とする吉村建設工業とは、鉄道会社向けブロックの製作・設置で協議を開始。大手ゼネコンの前田建設工業とは排水を処理する円柱型集水桝の共同実験を進め、２１年6月に実用にこぎ着けた。

共同代表の岩本卓也ＣＥＯと大岡航ＣＯＯはそれぞれ、学生時代にＩＴ企業を立ち上げた経験がある。「得意のＩＴ領域を生かせる分野」（大岡氏）として、非効率な作業が残る建設業界に狙いを定めてポリウスを創業した。

当面は共同事業開発を増やして知名度を向上させる構え。22年中に建設用3Dプリンターの発売を見据える。中長期的には、住宅や橋など大型の構造物も造れる3Dプリンターを開発する構想だ。

フォトラクション

【設立】2016年3月【資本金】12億4508万円【社員数】56人

建設用アプリを運営　AIを駆使して生産性向上

建設業の生産性と品質の向上を目的とした管理アプリを展開する。写真や図面、工程表など豊富な情報をクラウド上で一元管理することができる。

建設用アプリを手がける企業はここにきて増えているが、同社のアプリはAIを活用することに特徴がある。導入企業でアプリを使った作業の回数が増えるとデータも蓄積されていく。そのデータをAIで分析して生産性向上につながる提案を行う。社内に職人も抱えているため、一部工程を請け負うこともある。

中島貴春代表取締役ＣＥＯは大学卒業後に大手ゼネコンの竹中工務店に入社、建設システムの企画・開発などに従事した。が、「書類や写真の整理に追われて、技術者としての仕事に集中できなかった。この業界を変えたい」と独立を決意した。

建設プロジェクトの導入数は１０万を超えた（7月末時点）。この1年間で倍増しており、「このペースは今後加速していく」（中島氏）という。7月には慶応イノベーション・イニシアティブなどから7・6億円を資金調達した。開発人材の拡充などにつなげていく計画だ。

フォトラクション

建設用アプリ「フォトラクション」は写真や図面、工程表など多くの情報をクラウド上で一元管理できる。操作性も高い

エスティ（estie）

【設立】2018年12月【資本金】4億0901万円【社員数】23人

オフィスの情報を透明化　賃料や空室などが丸わかり

全国7万棟のオフィスビル情報のプラットフォーム「estie pro」を提供。延べ床面積や竣工年、空室の有無、募集賃料などを入力すると、条件に合致したビルが地図上に表示される。

平井瑛代表はもともと三菱地所で海外不動産投資や東京でのビル営業に従事。米国のビル情報は国外にも公開されている一方、東京では仲介会社や管理会社の担当者に逐一問い合わせる必要があった。「オフィスビルの市場規模で東京は世界1位だが、情報の透明性に欠ける。ビル情報のプラットフォームを構築することに可能性を感じた」。

デベロッパーや管理・仲介会社、機関投資家など50社ほどと提携。各社が保有するビル情報を、非公開の案件も含めて取り扱う。AIを活用し、賃料や、テナント企業の契約面積の推定も行っている。後者は仲介会社がテナント企業へ、移転などの提案営業をするときに役立つ。

「オーナーは空室期間を短縮でき、テナントも最適な提案を受けられる。僕らはオフィス市場を破壊する存在ではない」（平井氏）。今後もデータの網羅性を一層高める。

estie（エスティ）

現地視察も頻繁に行い、社員一同の不動産感覚を磨く

ナウルーム（NOW ROOM）

【設立】２０１９年７月【資本金】２億２５９７万円【社員数】１６人

家具家電付き短期賃貸の開拓者　手続きはスマホで完結

「不動産業界は（ゲームの）ドラクエのような世界」と語るのは、家具家電付き短期賃貸物件の予約サイトを運営する、ナウルームの千葉史生ＣＥＯだ。難題が次々と待ち構え、敵も出現するが、仲間と課題を解決する醍醐味があるという。

２０１６年に英ロンドンから約８年ぶりに帰国。日本の賃貸住宅への入居手続きの煩雑さに閉口した。ウェブでは管理会社への問い合わせくらいしかできず、オンラインで契約が行えない。家具家電付きのマンスリーマンションや短期アパートは多々あるが、それらを網羅するプラットフォームがない。そこにビジネスチャンスを見いだした。

２０年５月にスタートした予約サイト「NOW ROOM」は管理会社と入居希望者を直接結び、空室状況に応じた割引料金も実現。開始から１年２カ月後の２１年７月には、掲載部屋数が25万室を超えた。
働き方の多様化で、家具家電付き賃貸市場は伸びている。現在は賃貸期間1年未満の契約が大半だが、新システムを開発し、より長期でも対応が容易に。年内には掲載部屋数が50万室へ倍増する見通しだ。

（田中理瑛、梅咲恵司、一井　純、森　創一郎）

【モビリティ】

独自の発想で移動を支える

人やモノの移動を支えるのはもはや大手企業だけではない。細かなニーズを拾い上げる多彩な企業がズラリ。

セイビー（Seibii）

【設立】2019年1月【資本金】8億7765万円【社員数】12人

自動車整備士版ウーバー　最短即日で整備士が出張整備

自宅に自動車整備士が来てくれる、「自動車整備士版ウーバー」のようなサービスを展開するのがセイビーだ。サイトから整備依頼を出すと、最短即日で整備士が出張整備を行う。

ドライブレコーダーの取り付けや、タイヤ・バッテリーの交換などを行う。部品調達もセイビーが一括で行うため、車種さえ登録すれば自分で正しい部品を探す手間もない。

整備士は整備士資格証明書や出張用の車の車検証、運転免許証を提出し、面接を受けて登録する。面接では接客態度など人柄も評価している。佐川悠CEOは、「半分くらいはお断りしている状況」と話す。給与は時給換算で3000円を支払っており、一般的な整備士の水準よりも大幅に高い。人手不足が深刻な整備士業界を魅力的なものにしようとの思いが込められている。

最大の特徴は、責任の所在が明確な点。再整備などが必要になった場合には費用はセイビーが負担し、万が一の事故に備え損害賠償保険にも加入する。「単なるマッチングにはしたくない。お客さんには僕たちのブランドでサービスを提供している」(佐川氏)。現在200人程度の整備士が登録しているが、1000人まで増やすのが当面の目標だ。

エーエスエフ（ASF）

【設立】２０２０年６月【資本金】９億５７８０万円【社員数】１０人

EVファブレスメーカー　商用軽EVを低コストで製造

ＡＳＦは工場を持たないファブレス自動車メーカーで、設備投資は必要なく開発と販売のみを行う。また部品も既存部品を組み合わせて使用。製造は安価な生産技術に長けている中国の五菱汽車に委託する。

同社はバンタイプの軽ＥＶを佐川急便と共同開発。佐川急便は保有する約７２００台の軽バンすべてをＡＳＦが製造するＥＶに入れ替える方針だ。ドライバーのアンケートを基に設計をカスタマイズしている。この程度の台数に一から開発を行うのは、従来のＯＥＭでは採算が合わない。自動車の世界では、自ら生産設備を持ち、開発もサプライヤーと各部品を一から設計して行うことが多いからだ。

しかし、飯塚裕恭社長は「ＥＶは家電。スマホと同じことが起きている。アップルだって全部ゼロから作っているわけではない。よい部品を集めて、他社の工場で組み立てている。それと同じ。エンジン車は複雑でできないが、ＥＶなら可能」と話す。

コストは燃料代などを含めると従来のガソリン車よりも安くなる見込み。佐川急便向けに開発した車両だが、すでにほかの物流業者や、クリーニング業者のような非運送業で軽バンを使用する会社からも引き合いが強いという。

ジップ・インフラストラクチャー（Zip Infrastructure）

【設立】２０１８年７月【資本金】３５４７万円【社員数】１人

次世代ロープウェーで渋滞を解消へ　カーブ走行可能な独自技術を開発

電動自走型ロープウェー「Zippar（ジッパー）」の設計・開発を手がける。ロープウェーといえば一般的に観光地の乗り物のイメージが強いが、渋滞を解消する新しい交通インフラとして、人口密度が高い大都市部での導入を目指している。

従来のロープウェーは直線の走行しかできなかった。都市で直線を確保するためには民間の土地の買収などに手間とコストがかかり、ロープウェー導入のハードルが高かった。そこでジップ・インフラストラクチャーはモノレールのようにカーブ走行できる技術を開発。各都市に合わせて自在に設計でき、1キロメートル当たり従来の5分の1ほどのコストで導入できるという。神戸市などの自治体で導入が検討されている。

須知高匡代表は大学でハードウェアのエンジニアを学び、宇宙エレベーターを研究。「ロープ走行技術を社会実装したい」と在学中に起業した。創業初期はロープ走行ロボットの受託開発もしたが、都市渋滞という課題を解消できる交通インフラの創造に着目し、事業をロープウェーに絞り込んだ。1人乗りの設計が終わり、4人乗りの車両開発にも着手。国内外でアピールする機会として、25年開催の大阪・関西万博での運行も目指す。

Zip Infrastructure
(ジップ・インフラストラクチャー)

「大都市の渋滞解決に貢献したい」と話す須知代表。
右写真は導入イメージ

ファンファーレ

【設立】２０１９年６月【資本金】１億８１００万円【社員数】６人

AIで産廃回収の効率化を支援　煩雑な配車計画作成を瞬時に

産業廃棄物処理業界に特化した配車計画作成の支援サービスを展開する。産廃回収は場所や廃棄物の種類が日々変わることが多く、配車の予定を組む作業が複雑。数時間かかることもある。同社のＩＴサービス「配車頭（ハイシャガシラ）」（料金は月額制）を使えば、その日の乗務員の人数や車種、処理場の住所など必要な情報を設定するだけで、ＡＩが３分程度で最適な配車計画を組む。各ドライバーは１日の予定をスマホの専用アプリで確認できる。

近藤志人代表の前職はリクルートホールディングスでのＵＸの専門職。副業のＵＸコンサルで、産廃処理事業者の基幹システムの改善に携わったことが業界に触れたきっかけだ。１年かけて全国の企業に足を運び、回収作業にも同行するなどして、産廃回収の現場が抱える問題を自分なりに分析。効率化につながるサービスの開始を目指して19年に起業した。
「循環型社会の実現に産廃処理業界が果たす役割は大きいが、現場の人手不足は深刻。効率化に貢献できれば、社会へのインパクトも大きい」と近藤氏は産廃処理業界にフォーカスした理由を語る。今後は配車だけでなく、ほかの業務フローの省人化につながるサービスも予定している。

（中野大樹、井上沙耶）

広い裾野の医療は課題の数だけ起業も増える

がん治療や口腔ケアなど健康にかかわる分野から、医療現場の効率化まで、課題の数だけ起業も増える。

オペパーク（OPExPARK）

【設立】2019年6月【資本金】2億5950万円【社員数】17人

手術用医療機器データを集約　データ蓄積し手術の教科書も作成

手術中に使用する医療機器の状態やいつ、どの医療機器を使用したかといった手術データをまとめてモニターに表示、一元記録するシステム、「OPeLiNK（オペリンク）」を提供する。デンソーからカーブアウト（事業分割後に新会社設立）して誕生した会社だ。

手術中は各医療機器のモニターで情報を確認する必要がある。オペリンクはそれらのデータを1カ所のモニターに表示するため、手術を円滑化できる。遠隔手術の際も、手術データをリアルタイムで共有できるため、遠方の医師からの指示を受けやすい。

蓄積されたデータの活用も進む。日本の手術水準は高度な一方、そのノウハウは暗黙知であることが多く、教育への活用が難しかった。そこで手術動画などのデータから医師の判断ポイントなどを学習できるデジタル教科書のようなコンテンツを作成中。日本が得意とする「脳外科手術の教科書は近々完成予定」と本田泰教社長は語る。

デジタル教科書を通じて、新興国など世界中の医師の学びをサポートすることで医療格差の解消を目指す。

ビードットメディカル

【設立】２０１７年３月【資本金】７億１０００万円【社員数】５０人

陽子線がん治療装置　従来比10分の1の小型化成功

がん治療の選択肢の1つである放射線治療。現在はX線が主流だ。だが照射されたX線のエネルギーは体表面近くで最大になり、体内にあるがん組織に届くまでには効果が減衰してしまう。

開発するのは、同じ放射線でもX線ではなく陽子線の照射装置。陽子線は体の表面ではなく、体内で止まる直前にエネルギーが最大になるため、高い治療効果が期待できる。

ただ、従来の陽子線照射装置は導入するのに新しい建物が必要になるほど巨大になるのが普及のネックだった。そこで従来品に比べ圧倒的に小さい、X線装置と同等サイズの陽子線装置の実用化にメドをつけた。「新規需要に加えてX線装置の代替需要も取り込める」と古川卓司社長は話す。

古川氏は放射線を研究する放射線医学総合研究所初の研究員だった。医療機器メーカーなどに治療装置のコンサルティングを行う中で、陽子線装置の起業を思いついた。

25年には売上高で200億円を目指す。「1台の売価は10億~20億円。アジアや北米の病院からの引き合いもあり、現実的な目標」(古川氏)と自信を見せる。

ビードットメディカル

従来の装置は重さ200トン
もあるが、同社品は20トンまで
軽量化

カルディオインテリジェンス

【設立】２０１９年１０月【資本金】１億８５１０万円【社員数】７人

不整脈の兆候をＡＩで解析　専門医でなくても診断可能に

心電図を解析し、不整脈の診断をサポートするＡＩを手がける。田村雄一社長は、国際医療福祉大学三田病院の現役医師。田村氏は「この２０年近く心電図の自動診断はほとんど進化しておらず、潜在的な患者の見落としにつながっていた」と語る。

不整脈の中で最も多い病気である心房細動は、放っておくと突然の脳梗塞につながることも。国内には１００万人近くの患者がおり、診断されていない潜在患者も同程度いるとみられている。

「心臓がドキドキする」と患者が心房細動の兆候で医療機関を訪れても、受診時にはなんともないことがほとんど。２４時間心電図の記録装置を身に着けていても見落としは多く、脈の乱れがあってもそれが本当に心房細動なのかの判断は専門医でないと難しい。

同社が開発し承認を取得したＡＩ解析システムは、心電計のデータを読み込ませれば心房細動の発作が起きていた箇所を示す。診断精度は９８％あり、専門医でなくても治療につなげられる。

さらに、過去の発作を読み取るだけではなく、正常とされる心電図の中から、心房細動の発作を予測するタイプのＡＩも開発中。現在臨床試験を行っており、２２年３月までに試験データを取得し、当局に承認申請を行う見込みだ。

バイオデータバンク（Biodata Bank）

【設立】２０１８年４月【資本金】１億６５００万円【社員数】１１人

深部体温測定センサー　体温センサーに引き合い多数

健康状態を把握するためにも測定が必要な体温。そのデータを活用すると睡眠の質を改善することやスポーツのパフォーマンス向上につなげられる。ただ正確な体温は脳や内臓など体の内部の温度である深部体温を測定する必要がある。深部体温の測定は病院などで肛門に管を通すなど容易でない。

バイオデータバンクは深部体温を簡便に推定・測定するセンサーを開発。すでに熱中対策ウォッチ「カナリア」を販売するなど、熱中症対策分野で実績を重ねている。「カナリア」は手首に装着するだけで、体内の熱のこもり具合を検知。熱中症になる一歩手前でアラームが鳴り、装着者に対策を促す仕組みだ。主に土木現場や工場の従業員向けに採用されている。国内だけでなく、フランスでも同社の熱中症対策製品の実証実験が行われ、海外展開も進む。

開発する体温センサーはウェアラブル端末メーカーなどからの引き合いもあり、センサーモジュール自体を外販することも視野に入っている。同社を率いる安才武志CEOは「体温をベースにさまざまなサービスを展開していく」と長期的な方針を示している。

ノーブナイン（NOVENINE）

【設立】２０１８年１月【資本金】１億３５９０万円【社員数】６人

デジタルで口腔ケアを支援　歯を失って後悔する人減らす

「歯を削るのではなく、守るのが歯医者の仕事」。歯科医でもあるノーブナインの竹山旭社長はデジタル技術を活用した口腔トラブルの予防サービスに注力する。

世界で初めて口臭チェックができるスマート電動歯ブラシを開発。３カ月２５７４円の替え歯ブラシの定期配送プランを契約すると３カ月に２本のブラシが届くほか、専用アプリの有料サービスが利用できる。アプリでは歯科医師へのオンライン相談や歯科衛生士による口腔状態の定期リポートを送ってもらう各種サービスが利用できる。

さらに自社の基準に準拠した３０以上の歯科医院と提携。「ノーブナインネットワーク」を形成して、予防歯科医療の取り組みの普及を進めている。今後は保険会社と組み歯科保険の開発を目指すほか、電動歯ブラシとその関連サービスの法人向け展開を本格化させていく方針だ。

予防法が確立している一方、成人後は口腔内の健診機会が減っている。トラブルに気づいたときには抜歯治療しかなく、後悔する人も多い。竹山氏は予防サービスで「何千万人も救える」と力を込める。

オリーブユニオン（Olive Union）

【設立】２０１６年７月【資本金】１５億円【社員数】４０人

聴覚サポートイヤホン　聞こえの課題に新風

「オリーブスマートイヤー」は通常の補聴器とは異なる聴覚サポートデバイスだ。２０１９年の発売以来、日米韓で累計３万台以上を販売している。外観はワイヤレスイヤホンと変わらず、スマートフォンで聞こえ方を細かく調整できる。

通常の補聴器は高機能になると３０万円以上と高額で、聞こえ方の調整のために何度も取り扱い店舗に足を運ぶ必要がある。一方、同製品は３万円台と手頃。ＥＣや家電量販店で手軽に購入できることも強みだ。会議などビジネスシーンの利用も含め、国内市場の開拓を進める。

16年に韓国で創業後、19年に本社を日本に移した。日本には競合に当たる企業が少なく、IPO（新規株式公開）に最も近い国だと判断したためだ。「グローバルIPOの第一歩として早ければ23年には日本で上場したい」とオーウェン・ソンCEOは語る。

聴覚サポートだけでなく、治療領域も視野にある。今後3年以内に取得した聴覚データから全身の健康維持や治療をサポートするプラットフォームの提供を目指している。

ファストドクター

夜間・休日の救急往診　診察外業務をデジタル管理

【設立】2016年8月【資本金】8億9348万円【社員数】24人

病院が閉まっている夜間や休日に体調を崩したりケガをしたりして、救急車を呼ぶべきか迷ったときにどうするか。そんなときに活躍するのが「ファストドクター」だ。同社のコールセンターに電話をすれば、提携医療機関の医師が患者の自宅に駆けつけ、診察から処方までを行う。

こうした救急往診を、医療機関だけで行うのはハードルが高い。診察以外の業務が煩雑なうえ、採算確保も難しいからだ。そこで同社では、一連の作業をまとめてデジタル化して管理している。「医療機関からは『そこまで診察のお膳立てをしてくれるのであれば』と、興味を持ってもらえる」と水野敬志代表は話す。

創業したのは救急病院の医師だった菊池亮氏。夜間、軽症の患者でパンクしている救急医療体制を目の当たりにしていたからだ。現在、全国で11の医療機関と提携。およそ1200人の医師が稼働している。

このコロナ禍で、発熱患者の往診で一躍注目を浴びた。今後は地域のクリニックとの連携を強化し、夜間・休日の医療ニーズを一層取り込みたい考えだ。

カナタ（kanata）

【設立】2018年11月【資本金】750万円【社員数】9人

電子カルテを自動で入力　医師をPC画面から解放

医師と患者が会話する文章を解析、電子カルテを自動的に作成するウェブサービスを手がけている。

医師は、診察の際に「だるい」「熱がある」といった患者の主観情報、実際の体温や血圧などの客観情報、診断した病名、処方内容の4種類の情報をカルテに記載していく。「この作業が煩雑で、医師が患者と向き合えなくなっている」と滝内冬夫代表は指摘する。

紙カルテに代わりパソコンで入力する電子カルテが普及したことで入力する事項が増え、患者がいながらも医師がパソコンに向かい続ける光景は当たり前になった。

カナタが強みを持つのは、カルテに記載する4タイプの情報を文章から抽出する構文解析技術。音声認識ソフトは何を使ってもいい。

メジャーな電子カルテであれば、解析した内容を自動で入力できる。とくに引き合いが強いのは精神科や在宅医療の現場など。診察時間が比較的長くなるうえ、患者の細かい変化を見落とせないからだ。

滝内氏は、以前勤めていた電子カルテメーカーから電子カルテ事業を譲受。だが電子カルテは競争が激しい分野であるため、入力を手助けするサービスの開発に舵を切った。

現在、およそ20の医療機関が導入済み。10月ごろまでには50~60施設への導入を見据えており、中長期的には2万施設への導入を目指す。

ティーエックスピーメディカル（TXP Medical）

【設立】2017年8月【資本金】3億0538万円【社員数】26人

救急医療をDXで変革　手書き業務から解放

書類作成業務に追われる病院の中で、とりわけ電子化が遅れているのが救急医療。

救急車から患者情報を電話で受け、それをホワイトボード上の手書き情報で管理する現場がほとんどだ。

そこに風穴を開けるのが「ネクストステージＥＲ」。創業者の園生智弘代表が救急医の目で開発した救急医療に特化したデジタル情報共有システムだ。音声やテキストで情報を入力すれば、それが構造化データとして管理・共有・利用できる優れものだ。

夜間・休日の来院を含め救急外来は入院患者の約3分の1、５兆円の巨大市場。同社は設立3年で、全国約３００ある救命救急センターのうち、内定を含め４５施設に採用された。今後3年以内に１５０施設への拡大を目指す。

研究データを集めたい大病院の医師も、同社のシステムなら電子データの形で使える。そのため現場の医師から導入に強い支持を得られる。現状、「実質ライバルはいない」（園生氏）という。

２１年6月に患者募集が難しい急性期疾患の治験支援にも着手。急性期を担う大学病院などで築いた医師ネットワークや有力な電子情報システム、そこから得られるデータを生かし、顧客基盤を製薬企業にも広げる。「ここでも事業化が見えてきた」（園生氏）。

リハブフォージャパン（Rehab for JAPAN）

【設立】２０１６年６月【資本金】９億６８００万円【社員数】３１人

個人のリハビリを自動提案　介護現場の事務負担減らす

デイサービスを中心に高齢者のリハビリを支援するソフト「リハプラン」を開発する。２５００種類、５００セットの運動プログラムの中から個人に合ったリハビリ計画を策定、訓練を自動で提案する。

作業療法士として介護、医療現場で約１０年働いた経験がある大久保亮社長が立ち上げた。大久保氏は「デイサービスの多くはリハビリ専門職が少なく、高齢者に効果的なリハビリを提供できていない。デジタル化でこの課題を解決できる」と話す。

リハプランの特長は、高齢者一人ひとりの身体機能や生活の様子、興味や関心をタブレットなどに入力すると、個別の介護計画が短時間で策定できることだ。現場では訓練と並行して記録もできるため、「通常30分ほどかかるリハビリ計画の策定が3分で済み、人手不足に悩む介護事業所の業務効率化につながる」（大久保氏）と、事務負担の軽減メリットを語る。

これまで約7万2000人分のリハビリデータを蓄積、より個人に合ったプログラムを提案できるようになった。

現在はデイサービス事業者向けが中心だが、今後は訪問介護やデイケアサービスにも対象を広げる計画。日本で事業を成長させながら、海外への展開も目指していく。

（大竹麗子、石坂友貴、劉　彦甫、大西富士夫、ライター・国分瑠衣子）

【人材】

きめ細かいサービスで顧客を開拓

社員の紹介による採用や、従業員のコンディションの可視化など人材関連でも新たなサービスが広がる。

ビートラスト（Beatrust）

【設立】2020年3月【資本金】300万円【社員数】8人

協業促す人材検索ツール　グーグルの社内システムが源流

米グーグルには社内の人材検索システムがあり、部門を超えた協業が生まれている。「このインフラを外部提供すれば、日本企業でも革新につながる協業を促進できる」。

グーグル出身でビートラスト創業者の原邦雄ＣＥＯはそう語る。同社はグーグルのシステムをヒントに、社員のスキルや強みを検索できるソフトウェアを開発する。強みは言語解析の技術だ。企業から提供された営業日報などの社内データから、各人の業務やスキルに関連するキーワードを抽出。各人の「タグ」として保存する。「ビジネスの文脈を把握するアルゴリズムは当社にしかない」（共同創業者の久米雅人氏）。「機械学習について教えてほしい」などと質問を投稿できる掲示板機能もあり、対象のタグを持つ人に質問が通知される。つながりがなかった人同士でも協力し合えるような仕掛けになっている。

本導入までの数カ月の試用期間では、社内文化の変革を後押しするようなコンサルティングも行う。顧客には住友商事やライオン、ＡＧＣなど大企業がずらり。「グーグルで大企業と向き合ってきた経験が生きている」（原氏）。

マイリファー（MyRefer）

【設立】２０１８年５月【資本金】８億６７５０万円【社員数】４６人

社員紹介採用を支援　富士通やトヨタも導入

知人や友人の紹介で人材を採用する「リファラル採用」の企業向けツールを提供するマイリファー。リファラル採用は求人広告費や人材紹介手数料の削減を図れる一方、紹介社員や候補者への連絡など人事担当者の負担が増える。同社ではこれをシステム化し、募集や紹介にかかる負担を軽減、さらに社員紹介制度の導入支援なども行う。

導入企業700社と、リファラル採用サービスでは国内最大規模。富士通、トヨタ自動車、NTTデータなど多くの大企業が活用している。

「社員のつながりを活用したマッチングの仕組みをつくりたかった」と語る鈴木貴史CEOは、インテリジェンス（現パーソルキャリア）出身。マイリファーも同社の社内ベンチャーがルーツだ。2018年にストライブなどの支援でMBO（マネジメントバイアウト）して独立した。

4年後には導入企業を3000社にすることが目標。さらに「IPOは通過点。将来は（ユニコーン上場を果たした）ビジョナルを超える規模を目指す」（鈴木氏）と意気込む。採用だけでなく社員とのつながりを生かしたプラットフォームをつくる構想も描く。

ワークサイド

【設立】２０１８年9月【資本金】３６００万円【社員数】１２人

新入社員の定着化支援　入社者フォローの仕組み構築

新入社員の定着や早期戦力化を図る「オンボーディング支援」に特化したＳａａＳ「Ｏｎｎ（オン）」を開発するのがワークサイドだ。

入社者にアンケートを取り、コンディションをリアルタイムで把握、フォローする機能がメイン。入社者との面談やコミュニケーションの記録を一元化することもできる。さらにチャットと連携させ、関係者との情報共有を図れるようにもしている。価格（税込み）は、初期費用１１万円で月額５・５万円となっている。

２０２０年5月のベータ版リリースを経て、２１年2月に正式版の提供が始まった。導入実績はヤプリやマネーフォワードなど十数社だが、「ユーザーとの定例会議で声を拾い、改善に結び付けている」（秋山貫太社長）という。

秋山氏はリクルートの出身。同社時代に社会人向けインターンシップ紹介サービス

「サンカク」を立ち上げた実績を持つ。働き方や人事領域を改善するプロダクトをつくろうと起業。100社以上の人事担当者にヒアリングをした結果、オンボーディングの適切なツールがないことからＯｎｎの開発に踏み切った。

　現在、中途社員向けが中心だが、新卒入社者への対応を目指し、入社前フォローの仕組みなどの構築を進めている。

ウェルデイ（welldayｙ）

【設立】2019年4月【資本金】1億5050万円【社員数】5人

脱アンケートで予測精度高める　チャットから満足度把握

　チャットの書き込みを基に、従業員のストレス度や仕事への満足度を測るサービスを提供するのがウェルデイ。社員満足度を測る「従業員エンゲージメント調査」の導入企業が増えているが、膨大なアンケートへの負担感だけでなく、本音で回答しづらいとの指摘がある。そこで、チャット（スラックとＴｅａｍｓに対応）のテキストを

ＡＩに分析させ、従業員のコンディションを可視化する。

「以前の職場で、エンゲージメント結果の良好な社員が精神的に不調を来して休職したことがあり、それが起業するきっかけになった」と、牟田吉昌ＣＥＯ。テスト版では接続時間などの客観データから従業員の状況把握を試みたが、相関性が得られなかった。そこでテキストを読み取る形に転換、予測の精度が高まった。２１年5月に正式版をリリースし、社名も変更した。

チャットの解析は、プライバシーを脅かす懸念があるが、「人事評価に使わないことを利用条件にし、解析の範囲も従業員が選択できるようにしている」（牟田氏）という。

利用料は対象従業員１人当たり月５００円で、初期費用などはない。現在は５０社程度が導入、３年以内に１０００社導入することが目標だ。

（中川雅博、宇都宮　徹）

【教育】

大きく変わった学習環境をシステムで支える

小中学生の1人1台端末配備が進んだ中、ＡＩを用いて学習の支援をするサービスなどが生まれている。

モノグサ

【設立】２０１６年８月【資本金】４億３１２０万円【社員数】４３人

ＡＩ分析で効率的に記憶　生徒の覚え方に応じて出題

人工知能（ＡＩ）が生徒の正答率や記憶度合いを分析して、問題の難易度や出題頻度を調整、効率的に記憶できるアプリを開発する。

リクルート出身の竹内孝太朗CEOとグーグル出身のエンジニア、畔柳圭佑CTO（最高技術責任者）が共同創業した。畔柳氏は「暗記が苦手という人は『覚え方』に課題がある。効率的な方法はある」と言い切る。

同社が提案するのは、①手を動かして問題を「解く」形式にする、②記憶度合いに応じて、頑張れば正解できるようにヒントの量を自動調整する、③個別に復習のタイミングを提示する——の3つ。現在、私立小・中・高校、学習塾などで自習用に導入されている。教員や講師が覚えてほしい学習内容を入力すると問題が自動で登録され、生徒の記憶度合いによって出題される。

小中学生に1人1台のタブレット端末などを配備する「GIGAスクール構想」でICT教育が加速している。7月には岡山県津山市教育委員会と東京学芸大学の連携事業でモノグサの活用が決まった。竹内氏は「公立校への提案も進めたい」と話す。

アイムビサイドユー（I'mbesideyou）

【設立】２０２０年６月【資本金】１億００９６万円【社員数】５人

画面越しの相手の感情を解析　創業1年で特許100件出願

オンライン学習で、画面越しの生徒の表情や視線、声のトーンからＡＩが感情を解析するソフトウェアを開発する。オンラインでのコミュニケーションの質を高め、学習の理解度を上げる。

ＮＴＴデータで動画解析を専門にしてきた技術者ら３人が創業。神谷渉三社長は「生徒が『わかった！』と言っても実は理解できていないケースもある。音声認識以外の複合的な要素を動画解析できることが強み」と説明する。オンライン学習を進めるときに、生徒の表情や視線、声、スピードなどを解析する。導入したオンライン家庭教師サービス会社が解析結果を基に授業方法を見直し、生徒の成績アップにつなげた事例も出ている。

企業や自治体でも導入が進む。浜松市と連携し、市民のメンタルの不調を読み取り、早期治療につなげる取り組みを始めた。

力を入れるのが知財戦略だ。創業から21年6月までの1年間に出願した特許は100件に上る。次に狙う市場はインド。若年層が多く教育への関心が高い。現地のカリスマ教育者と手を組み、年内に事業を始める。

ゴービジョンズ（Go Visions）

【設立】2019年6月【資本金】580万円【社員数】5人

教育コンテンツを配信 22年春にスクール開校を計画

小中学生向けのオンライン教育コンテンツ「SOZOW（ソーゾウ）」を配信する。内容はプログラミングや映像表現、起業など幅広い。各界で活躍するプロフェッショナルの解説を交えたコンテンツをライブ形式で配信、その中で参加者は自由に発言できる。

小助川将代表が自身の育児経験から画一的な日本の教育に疑問を持ち、創業。当初はリアルのイベント運営も行っていたが、コロナ禍でオンラインに一本化した。

2021年1月から本格スタートし、約400人が参加する。

小助川氏は「子どもが関心を持つように中身を作り込んでいる。配信だけで終わらせずに自宅でできる課題を出し発表の場を設けるなど工夫している」と話す。21年は漫画家やプロのゲーマー、起業家の仕事をまとめたコンテンツを企画する。海外から参加する子どももいるという。

22年4月には小中学生を対象にしたオンラインスクールの開校を計画する。主に不登校の子どもの利用を想定しており、小助川氏は「子どもたちが自由な発想で活動できる居場所をつくりたい」と話している。

エンペイ

【設立】2018年11月【資本金】4億7010万円【社員数】19人

オンライン集金サービスを開発　地銀と提携し中小企業開拓

保育・教育施設向けのオンライン集金サービスを開発する。保育園の延長保育料や学童保育のおやつ代が、現金払いや口座振り替えという施設は少なくない。

エンペイのサービスでは、事業者が「LINE」で請求書を送ると、保護者はスマホやクレジットカードなどキャッシュレス決済で支払いを完了できる。保護者にとっては小銭を用意して事業者に手渡す手間が省ける。事業者側も、口座開設手続きや請求書作成といった作業がなくなり、業務効率化につながる。

リクルートで教育関連の新規事業開発を牽引していた森脇潤一CEOが創業。提供施設数は非公開だが、「全国の保育園などで導入が進んでいる。現金払いに比べ、集金スピードが上がったという事業者は多い」（森脇氏）。7月から「PayPay（ペイペイ）」にも対応するなど、決済手段も増やしている。

今後は塾や習い事教室など地方の中小企業を開拓。7月に発表した中国銀行との事業提携では、同銀行の顧客である企業や自治体にサービス提案するのが狙い。ほかの地銀とも提携協議を積極化する。

（ライター・国分瑠衣子）

INTERVIEW　ベンチャーキャピタルトップが語る①

「トレンドに左右されない〝逆張り〟の起業家に賭ける」

DCMベンチャーズ　日本代表・本多央輔

日米中で3000億円以上のファンドを運営するVC大手・DCMベンチャーズで、クラウド名刺管理のSansanやクラウド会計のフリーなどに投資してきた本多央輔・日本代表は現状をどう見るのか。

――米中と比較した際、日本のベンチャーを取り巻く環境をどう評価しますか。

各国が独自の進化を遂げているが、日本はまだ成長初期。1つ特徴を挙げるとすれば、トレンドに引っ張られがちだ。今はSaaSばかり注目されている。ソーシャルゲームが大流行した2010年代前半に似ており、バリュエーション（企業評価額）

も上がりすぎている。

——なぜトレンドに引っ張られてしまうのでしょう。

起業家にとっては潮流に乗ったほうがお金は集めやすいからだろう。一方で僕らは（今後盛り上がる）テーマを決めて合致する会社を探す。仮説を掘り下げた分、投資の確証も高まる。フリーはＳａａＳの代表格になったが、投資した１２年当時は「今さら会計ソフト？」と言われたし、ＳａａＳが話題に上ることもなかった。

アイデアよりも断然〝実行力〟

——投資先を選ぶ基準は。

市場が大きい、模倣しにくい、チームが優秀。これが大前提だ。そのうえで実行力が重要。アイデアだけでは意味がない。経営陣と議論しながら、結果の追求力や思考の深さを見る。紹介案件も見るが、投資につながったことはない。日本は米中に比べてベンチャーの社数が少ないので、相対評価は当てにならない。

——海外投資家が日本のベンチャーに大型投資をすることも増えました。

未上場で大型調達（して成長を加速）できるオプションが増えたのはよいこと。ただバリュエーションはインフレ気味。評価額が高すぎると次の資金調達までに実態との乖離を埋める必要がある。株主や取締役に誰を入れるかを見極めたほうがよい。

（聞き手・中川雅博）

本多央輔（ほんだ・おうすけ）

1974年生まれ。幼少期を米国で過ごす。一橋大学法学部卒業。96年三菱商事入社、自動車部門の海外営業や事業投資に従事。グロービス・キャピタル・パートナーズを経て、2007年から現職。

「デジタル化の遅れは起業家にとってチャンス」

タイボーン・キャピタル・マネジメント　日本株投資責任者　持田昌幸

人事労務クラウドのスマートＨＲや後払い決済のＰａｉｄｙなど、２０２１年１００億円以上を調達したベンチャーはいずれも、上場株と未上場株の両方に投資する海外の「クロスオーバー投資家」から出資を受けた。その１つ、香港が本拠のタイボーン・キャピタル・マネジメントで日本株投資責任者を務める持田昌幸氏に、ベンチャー投資の背景を聞いた。

――これまでの上場株での実績は。

アジアや米国を中心に世界中の上場株に投資しており、運用総額は１兆円弱。保有期間は5～10年と長い。2019年にベンチャー投資のファンドを立ち上げた。投資先が上場すれば、上場株ファンドに引き継ぐ。

上場後も中長期で支える

――上場株ファンドがベンチャー投資をする意味はどこにありますか。

上場前のベンチャーにVCが投資しても「オーバーハング」（上場後にVCが株式を大量売却すると予想した市場参加者が買い控え、株価が上がりにくくなる現象）のリスクがある。中長期で投資できるわれわれのような存在は重要だ。

――その中で日本への投資を広げるのはなぜですか。

大型の投資ができる海外投資家がいることを日本の起業家に知ってほしい。今のままでは未上場で成長し続けるオプションが少ない。

われわれの知見や投資先のつながりも日本のVCとは違う。19年から後払いのP

aidyに投資しているが、海外でも同業に積極的に投資している。世界の動向がわかるし、投資先の経営陣同士をつなげたり、潜在顧客となる企業を紹介したりもしている。

――今後の日本での投資方針は。

フィンテックやSaaSを中心に年4～5件の投資をしていきたい。タイボーンの経営陣も日本は重要という認識が強い。経済的に豊かな一方でSaaSの普及率や流通のEC化率が低く、デジタル化の余地は大きい。ローカルの起業家にチャンスがある。

（聞き手・中川雅博）

持田昌幸（もちだ・まさゆき）
2008年慶応大学卒業後、ニューヨークの米系投資銀行でM&Aのアドバイザリーなどに従事。MBA（経営学修士）プログラム在学中にタイボーンにインターンとして参画し、修了後の15年から現職。

「起業家も投資家も急増　米国の背中が見えてきた」

Z Venture Capital 社長・堀　新一郎

日本のベンチャー投資は専業のVCだけでなく、事業会社のコーポレートVC（CVC）も積極的だ。ヤフーとLINE傘下のVCが21年4月に合併し発足したZベンチャーキャピタル（ZVC）は、国内CVCとして最大規模の300億円のファンドを組成した。堀新一郎社長がベンチャーと事業会社のシナジーの生み出し方を語る。

――CVCを作る会社は増えていますが、成果を出す秘訣は何でしょう。

まず重要な点はファンド自体の黒字維持だ。親会社の出資金がマイナスになれば継続する意味はない。ZVCでは投資先を厳選し利益を出せている。

ただ利益を出すだけであれば（専業の）ＶＣに出資者として参加すればよいので、将来シナジーが生まれそうな投資領域を明確に定める。投資先はヤフーやＬＩＮＥなどグループ会社との相性がよい「メディア」「コマース」「フィンテック」の３つを柱にしている。

経営陣もＣＶＣに積極関与

――本社が丸投げするのではなく、経営陣の関与も深いと。

投資委員会にはＺホールディングス（ＺＨＤ）の経営陣も参加する。川邊（健太郎社長）がヤフーの社長に就いた際、シナジー重視の戦略になった。買収で成長した米国企業のように、有望なファミリーになる企業に投資してくれと言われている。ＺＶＣでは、今は小さくても３～４年後の成長が期待できるベンチャーに投資していく。

――実際のシナジーは？

旧ＹＪキャピタル（ヤフー側のＣＶＣ）の投資先120社のうち約2割でヤフーとの提携が実現した。中でも動画レシピアプリのｄｅｌｙはＺＨＤによる買収につながった。

――投資先を選定する中で、起業家や投資環境の変化をどう感じますか。

少しずつ米国に追いついてきた。事業を売却した後にもう一度起業する連続起業家や、大企業出身者が増えたのは大きい。投資家を見ても、ＣＶＣが急増して投資経験者が一気に増えた。産業自体が大きくなったと感じている。

（聞き手・中川雅博）

堀 新一郎（ほり・しんいちろう）

1977年生まれ。慶応大学卒業後、システムエンジニアを経てドリームインキュベータで投資事業などに従事。2013年ヤフー入社。同年7月にＹＪキャピタルに異動し、16年11月から現職。

『すごいベンチャー2021』〔前編〕の掲載会社（目次）

【業務管理・効率化】カミナシ／フォトシンス／レジリア／イライザ
【コミュニケーション】トナリ／オヴィス／パラレル／スピア／ストック／ストックマーク
ベンチャーが被る「不利益商慣行」

【週刊東洋経済】

本書は、東洋経済新報社『週刊東洋経済』2021年9月4日号より抜粋、加筆修正のうえ制作しています。この記事が完全収録された底本をはじめ、雑誌バックナンバーは小社ホームページからもお求めいただけます。

小社では、『週刊東洋経済eビジネス新書』シリーズをはじめ、このほかにも多数の電子書籍ラインナップをそろえております。ぜひストアにて「東洋経済」で検索してみてください。

『週刊東洋経済eビジネス新書』シリーズ

No.365　デジタル大国　中国
No.366　地銀　大再編
No.367　おうちで稼ぐ!
No.368　老後マネーの育て方
No.369　製薬　大リストラ

週刊東洋経済eビジネス新書　No.395
すごいベンチャー2021〔後編〕

【本誌（底本）】
編集局　中川雅博、長瀧菜摘、常盤有未、宇都宮　徹
デザイン　池田　梢
進行管理　平野　藍
発行日　2021年9月4日

【電子版】
編集制作　塚田由紀夫、長谷川　隆
デザイン　市川和代
制作協力　丸井工文社
発行日　2022年6月30日　Ver.1

発行所　〒103-8345
東京都中央区日本橋本石町1-2-1
東洋経済新報社
電話　東洋経済コールセンター
03(6386)1040
https://toyokeizai.net/

発行人　駒橋憲一

電子書籍化に際しては、仕様上の都合などにより適宜編集を加えています。登場人物に関する情報、価格、為替レートなどは、特に記載のない限り底本編集当時のものです。一部の漢字を簡易慣用字体やかなで表記している場合があります。本書は縦書きでレイアウトしています。ご覧になる機種により表示に差が生じることがあります。